I0026106

L5h
525

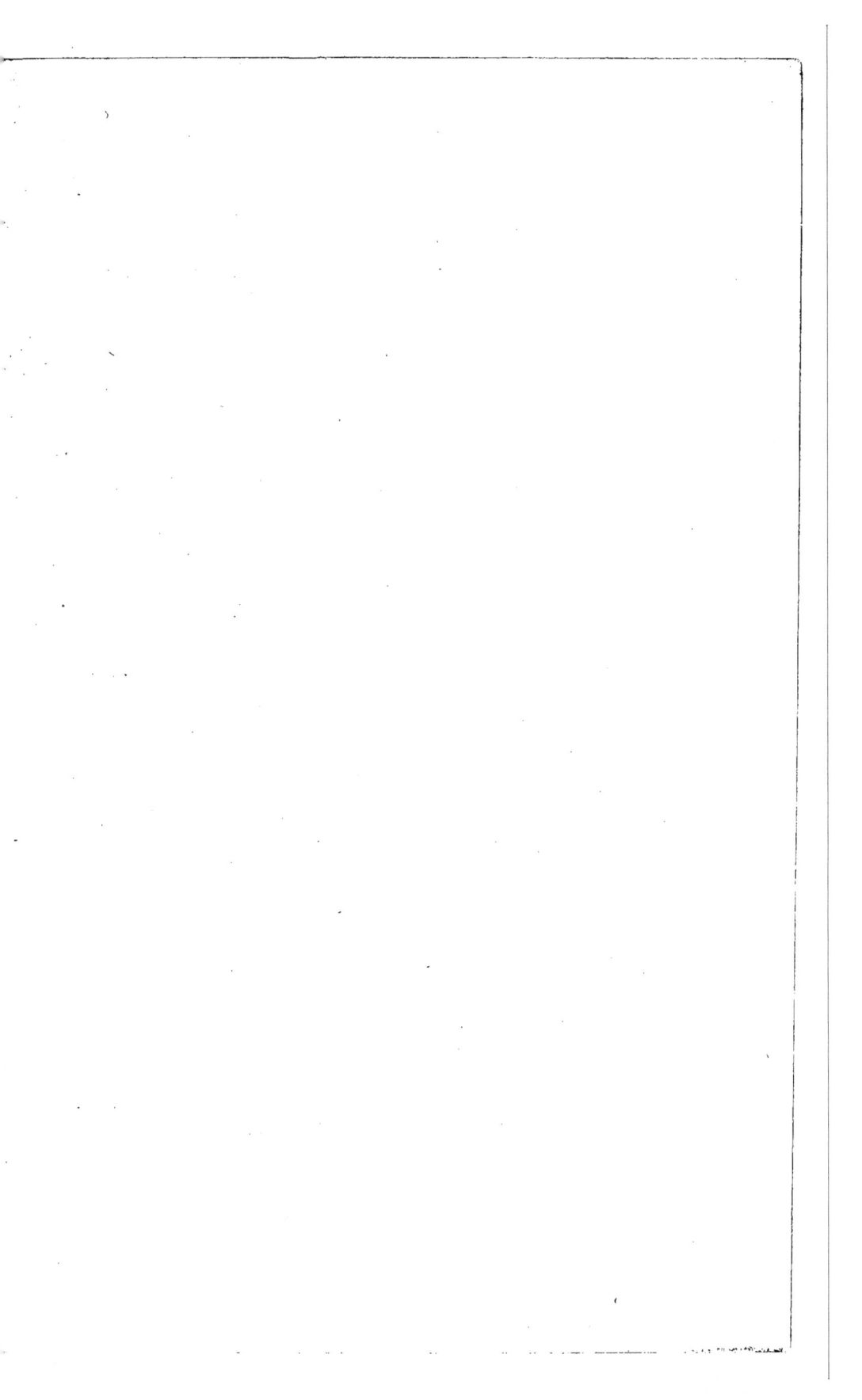

(Conserver la Couverture

RAPPORT

AU COMITÉ

DE LA

SOCIÉTÉ DE SECOURS AUX BLESSÉS MILITAIRES

SUR

LA CAMPAGNE

DE L'AMBULANCE INTERNATIONALE N° 11 BIS (DE PARIS)

(19 août 1870 — 28 février 1871)

Par M. Alfred MONOD

Avocat au Conseil d'État et à la Cour de Cassation,
DÉLÉGUÉ A LA DIRECTION.

———※❈❈※———

PARIS

IMPRIMERIE VICTOR GOUPY

RUE GARANCIÈRE, 5.

—

1871

15h
525

RAPPORT

SUR LA CAMPAGNE

DE L'AMBULANCE INTERNATIONALE N° 11 BIS

DE PARIS

(19 AOUT 1870 — 28 FÉVRIER 1871).

RAPPORT

SUR

LA CAMPAGNE

DE L'AMBULANCE INTERNATIONALE N° 11 *bis* DE PARIS

(19 août 1870 — 28 février 1871).

———— ～◦◦⟨◦⟩◦◦～ ————

Le 19 août 1870, une escouade composée de MM. F. Monnier, membre du comité de la société de secours aux blessés militaires, D\ Davila, chirurgien, Boutier, aide, Alfred Monod, avocat à la Cour de cassation, Gabriel Monod, professeur agrégé d'histoire, Dumas, étudiant en théologie, Oberkampf, rentier, tous quatre simples infirmiers volontaires, Blouet, pharmacien, est partie de Paris avec l'intention de rejoindre l'armée du Rhin.

L'escouade se dirigeait par Sedan sur Briey, pensant atteindre vers ce point l'aile droite de l'armée qu'on croyait être en marche sur Verdun. Le résultat de la bataille de Saint-Privat-la-Montagne (18 août) n'était pas encore connu.

L'escouade n'était pas une ambulance ; elle avait pour mission d'aller organiser des ambulances auxiliaires sur les derrières de l'armée française. Aussi n'emportait-elle que quelques caisses de pansements en cas de secours urgents à donner.

A Sedan, l'escouade loua trois petits chars à bancs pour la transporter elle et son matériel. De sombres rumeurs sur l'issue de la bataille de Saint-Privat commençaient à se répandre. Pourtant, un train partait encore pour Thionville ; ce fut le dernier. Il emmena l'escouade et ses voitures jusqu'à Audun-le-Roman, au-delà de Montmédy. Là nous rencontrâmes (20 août) un aumônier catholique qui arrivait tout droit de Saint-Privat ; il était encore dans un état d'émotion extrême. Nous lui fîmes donner de la nourriture.

1re Campagne
(19 août,
30 septembre).

Origine
de l'ambulance
11 *bis*.
Composition,
départ de Paris,
voyage
de l'escouade de
M. F. Monnier

Quand il eut un peu repris ses forces, il nous fit de la bataille un récit saisissant. Nous sûmes par lui qu'elle s'était terminée par une défaite pour notre armée. Il nous décrivit, avec la puissance d'un témoin oculaire encore frappé d'horreur, le carnage de cette lutte acharnée. Evidemment c'était là qu'il fallait nous rendre. Nous nous mîmes donc en route pour Briey.

De toutes parts les populations, éperdues de terreur, fuyaient dans la direction inverse de celle que nous suivions. A 8 kilomètres d'Audun-le-Roman, un peu avant le village de Landres, nous aperçumes quelques uhlans dispersés en éclaireurs, puis une grand'garde. Les sentinelles nous couchèrent en joue. Nous arrêtâmes nos voitures. Nous mîmes pied à terre et nous agitâmes le drapeau des ambulances. Un officier s'avança, constata avec une parfaite courtoisie notre caractère et nous laissa passer sans la moindre difficulté. A Briey où nous couchâmes, nous ne trouvâmes presque rien à manger. Cette petite ville était remplie de troupes allemandes.

Arrivée à Saint-Privat-la-Montagne (21 août). Le champ de bataille du 18 août.

Sans rencontrer d'obstacles, nous arrivâmes par Sainte-Marie-aux-Chênes à Saint-Privat-la-Montagne. C'était le 21 août. Il était onze heures du matin. Jamais depuis dans toute la campagne nous ne vîmes spectacle aussi épouvantable que celui qui s'offrait à nos regards. Entre Saint-Privat et Doncourt des monceaux de cadavres; au milieu des ruines de Saint-Privat encore en feu, des blessés sans nombre entassés dans ce qui restait des maisons ou rangés par longues files dans le milieu des rues, sur de la paille, sans aucun abri. La gangrène sévissait déjà parmi eux. Ils demandaient, souvent en pleurant, un peu d'eau pour étancher leur soif et l'eau manquait. De l'eau ! à boire ! Wasser ! c'était le cri qui dominait le concert de plaintes et de gémissements s'élevant de ce charnier vivant qui exhalait une odeur infecte. De l'eau ! on en trouve à peine sur ces hauts plateaux: les corvées de soldats allemands allaient à plusieurs kilomètres en chercher. Nous fûmes assez heureux pour découvrir une pompe ; nous parvînmes, non sans peine, à la faire marcher : elle nous fournit plusieurs seaux d'eau fraîche; nous la mélangeâmes avec le vin que nous avions apporté et nous pûmes donner à boire à plusieurs centaines de blessés. C'était bien peu de chose, et cependant c'était pour ces malheureux un notable soulagement. Nous entreprîmes ensuite plusieurs pansements. Mais nous reconnûmes bientôt que nos faibles efforts, même com-

— 5 —

binés avec ceux des ambulances allemandes qui étaient activement
à l'œuvre, ne pouvaient, avec une pareille masse de blessés, aboutir
à un résultat sérieux.

Ce qui était utile, ce qui était urgent, c'était d'organiser immédiatement des moyens de transport pour l'évacuation vers les lo-
calités où des hôpitaux provisoires ou fixes existaient déjà ou pouvaient être installés. Il fut résolu que M. F. Monnier et trois d'entre
nous se rendraient à Doncourt-lès-Conflans, où se trouvait le quartier-général du prince Frédéric-Charles. On lui demanderait pour
deux membres de l'escouade l'autorisation d'aller l'un à Metz,
l'autre à Sedan, afin précisément d'obtenir de suite des moyens de
transport. M. F. Monnier partit avec MM. Davila, Oberkampf et
Gabriel Monod ; le reste de l'escouade continua l'après-midi à s'em-
ployer de son mieux à Saint-Privat. Vers sept heures du soir, un
dragon prussien nous remit un ordre allemand, envoyé du quartier
général, nous intimant de venir nous aussi immédiatement à Doncourt ; le dragon devait nous guider et nous surveiller tout à la fois.
Nous arrivâmes vers dix heures, après avoir traversé plusieurs
villages non moins encombrés de blessés que Saint-Privat. De tous
côtés, à perte de vue, la campagne était illuminée par les feux des
campements allemands.

Avant de quitter Saint-Privat, ce fut pour nous un grand soulagement de voir commencer précisément ce que nous désirions.
Comme nous partions, il arrivait un premier grand convoi de voitures dans lequel on chargeait les blessés sur de la paille ; l'évacuation se faisait sur Pont-à-Mousson.

A Doncourt, le 22 août, nous ne souffrîmes pas moins du man-
que de vivres que la veille et l'avant-veille. Les habitants étaient
dans le plus grand dénûment. Un vieillard s'approcha de l'un de
nous en train de manger un morceau de pain en réserve depuis
Sedan, le suppliant de lui en donner. Le morceau de pain est mis
entre les mains du vieillard qui fond en larmes de joie ; depuis
l'avant-veille il n'avait rien mangé, dit-il.

C'était une rude tâche que de soigner des blessés dans de pareil-
les conditions. Nous la trouvâmes à Doncourt vaillamment entreprise par deux médecins militaires français ; ils étaient chargés de
près de 300 blessés dont un grand nombre étaient assez bien installés dans une vaste grange. En été ce n'était pas un mauvais local ;
il offrait un cube d'air considérable et le froid n'était pas encore

L'escouade se rend à Doncourt.

à craindre. Nous aidâmes à faire les pansements, puis nous travaillâmes à placer dans de meilleures conditions ceux des blessés qui étaient entassés en trop grand quantité dans certaines maisons.

Elle reçoit l'ordre de rentrer à Paris sous peine d'être faite prisonnière de guerre (22 août).

Nous étions en pleine activité, quand un officier vint à nous; il tenait à la main un long écrit; il demande notre chef. M. Monnier s'avance. L'écrit portait qu'attendu qu'il y avait des personnes suspectes dans l'ambulance de M. Monnier, ordre était donné à Messieurs .... (suivaient tous nos noms) de se rendre de suite à Paris, par une série d'étapes indiquées sur la feuille et dans le temps prescrit. Ordre de faire viser à chaque étape cette espèce de feuille de route à l'*étapen commandatur*. Nous devions, y lisait-on (elle a été remise au comité le 25 août) trouver les Allemands jusqu'à Epernay. Quand nous aurions dépassé leurs derniers avant-postes, nous pouvions modifier les étapes. Mais nous étions toujours tenus de rentrer à Paris et d'y faire viser la feuille par notre ministre de la guerre. En cas de désobéissance, portait l'ordre, les susnommés, s'ils sont repris, seront envoyés en Allemagne comme prisonniers de guerre.

Départ de Doncourt.

Nous essayâmes inutilement de protester : on mit quatre soldats armés à notre porte pendant que nous faisions hâtivement nos paquets, car il était cinq heures de l'après-midi, et il fallait être le soir même à Etain, à neuf lieues de Doncourt. Deux gendarmes devaient faire route avec nous. Ce désagrément nous fut épargné, grâce à l'intervention du major Lœffler, l'un des médecins militaires les plus distingués de la Prusse. Nous souffrions de la faim et nous avions une très-longue route à faire. Nous dîmes au major Lœffler : Veuillez-nous faire donner du pain et accepter ces 100 francs pour les blessés. Le major refusa les 100 fr. Il nous assura qu'à l'intendance on nous donnerait tout ce que nous demanderions. Précisément nous ne voulions pas y aller rien demander, nous partîmes les mains vides et l'estomac fort creux.

Nous étions en route depuis deux heures, quand nous aperçûmes derrière nous un cavalier galopant à fond de train. Il nous fait signe de nous arrêter; notre situation nous prescrivait une grande prudence ; nous obéissons sur-le-champ : le cavalier (c'était un dragon), haletant et ruisselant de sueur comme son cheval, rejoint notre convoi. — Qu'y a-t-il encore?... Voici ce que vous envoie le major Lœffler, dit le dragon, et en même temps il tire d'un sac quatre pains, deux jambons, quatre saucissons : le tout provenait de la table du prince Frédéric-Charles. Nous donnâmes un louis d'or à notre dragon et le chargeâmes d'exprimer notre vive gratitude au major Lœffler, heureux de pouvoir, grâce à lui, apaiser une faim de plus en plus impérieuse.

Le 23 août, à Etain, il n'y avait qu'un corps de cavalerie prussienne, d'environ 10,000 hommes. Le matin nous les vîmes s'éloigner dans la direction de Stenay pendant que nous prenions la route de Verdun. Ce jour-là notre feuille de route nous prescrivait de coucher à Aubréville, au pied de l'Argonne.

Verdun où nous devions passer ne fut investi que plus tard, mais ses portes étaient déjà fermées parce que des partis de cavalerie battaient la campagne jusqu'au pied des glacis. Nous ne fîmes que traverser la ville. Sauf trois uhlans, nous n'apercevions plus depuis Etain un seul ennemi. Arrivés à deux lieues d'Aubréville, M. F. Monnier, malgré l'opposition de la majorité de l'escouade, prit sur lui de ne plus observer la feuille de route prussienne et nous nous dirigeâmes sur Sainte-Menehould par la petite ville de Clermont en Argonne et le défilé des Islettes, laissant Aubréville à notre droite. Malgré le drapeau français qui, depuis Sedan, n'avait pas cessé de flotter sur nos voitures à côté du drapeau international, les populations nous prenaient pour des Prussiens. Près de mille personnes se pressaient sur notre passage à travers Clermont; on nous injuriait par derrière, mais personne n'osa mettre la main sur onze hommes sans armes. Le 23 au soir nous étions à Sainte-Menehould.

Là nous apprîmes que le maréchal Mac-Mahon, avec toute une armée, remontait vers le nord-est pour tâcher de donner la main à l'armée du Rhin. Il allait atteindre Vouziers. Du moment qu'il ne se dirigeait pas sur Verdun, il était évident pour quiconque connaissait le pays, que le maréchal tenterait le passage de la Meuse à Stenay. Nous engageâmes très-vivement M. Monnier à venir installer un hôpital provisoire à Pouilly-sur-Meuse qui est à neuf kilomètres de cette ville, et où nous pouvions mettre de vastes locaux à la disposition de l'escouade.

Ce plan fut adopté : nous nous hâtâmes de regagner Sedan pour y prendre tout ce dont nous avions besoin comme matériel. Nous en repartîmes le 27 après avoir reçu un très-précieux renfort. Nous étions dès lors 19, ayant été rejoints par une escouade de volontaires mulhousois et par mademoiselle Sarah Monod et les sœurs diaconesses protestantes, Sauer et Calb; toutes trois avaient

L'ambulance malgré les ordres prussiens, se rend à Ste-Menehould (23 août).

Apprenant le mouvement du maréchal Mac-Mahon, l'escouade va tout droit à Sedan.

quitté Paris dès le 2 août, elles arrivaient de Sarreguemines où elles avaient soigné un grand nombre de blessés jusqu'à ce qu'on les renvoyât.

L'escoude en trois détachements s'établit à Pouilly-sur-Meuse (Meuse), Raucourt et Somhaute (Ardennes) (27 août).

M. Monnier résolut de préparer des locaux pour recevoir les blessés non-seulement à Pouilly qui est à 27 kilomètres de Sedan sur la route de Stenay, mais aussi à Raucourt et à Somhaute, de manière à échelonner nos stations. Pouilly-sur-Meuse, Raucourt et Somhaute forment les trois sommets d'un triangle dont le centre est la petite ville de Beaumont qui allait devenir tristement célèbre. Dès le 28 août à Somhaute, le détachement que nous y laissâmes eut des blessés à soigner.

Le 30 août, le gros de l'ambulance était installé à Pouilly-sur-Meuse ; le 28 et le 29 nous avions entendu le canon ; le 29 au soir 15,000 Français étaient campés sur le plateau auquel Pouilly est adossé. Le gros de l'armée était sur l'autre rive de la Meuse (rive gauche) entre Buzancy et Beaumont. La Meuse décrit dans cette région de nombreuses sinuosités. Elle coule au pied de hautes collines entre les bases desquelles s'étendent de distance en distance des prairies que traverse le fleuve. A Pouilly (rive droite) la vallée est orientée du sud-est au nord-ouest ; à son extrémité nord-ouest, la Meuse coule brusquement à l'est vers Mouzon, refoulée qu'elle est dans son cours par deux crêtes élevées, séparées l'une de l'autre par un vallon à l'entrée duquel, sur le bord du fleuve, est le village de Létanne et au fond la petite ville de Beaumont. La route de Pouilly à Beaumont passe par Létanne et ce vallon. En face de Pouilly, sur la rive opposée, à 800 mètres du village, se déroule la grande forêt du Dieulet qui s'étend d'un côté jusque vers Stenay et que traverse une route qui conduit de cette dernière ville à Beaumont.

L'escouade sert d'ambulance de champ de bataille à la bataille de Beaumont (30 août).

Le 30 août 1870, à midi, nous allions nous mettre à table quand soudain retentit un coup de canon suivi instantanément de plusieurs autres. La détonation avait éclaté dans notre voisinage. Nous nous précipitons aux fenêtres. Sur le haut de la première des deux crêtes entre lesquelles passe la route de Pouilly à Beaumont, à 7 ou 800 mètres de distance, quelques pièces de canon font feu du côté de Beaumont. Pourquoi ? Nous regardions ces pièces avec une curiosité pleine d'angoisse, quand nous voyons déboucher de la forêt du Dieulet une colonne noirâtre de fantassins, puis une batterie ; le tout gravit en courant la première crête, incessamment suivi de nouvelles colonnes, de nouvelles batteries ; le feu devient très-violent sur le sommet de la première crète ; plus de doute. Toute une armée prussienne attaque l'armée française ; à chaque instant, nous nous attendons à voir les 15,000 hommes qui, dans la nuit campaient sur le plateau au pied duquel est Pouilly, prendre part à la lutte. Nous croyons qu'elle va s'engager dans ce village même. Mais non, les 15,000 Français ont à l'aube filé sur Mouzon et sur Carignan ; nous grimpons en courant sur le plateau ; il est désert, mais de là, nous pouvons voir ce qui se passe vers Beaumont.

Vers une heure et demie, nos troupes se massent sur le flanc de la seconde crète, elles répondent au feu de l'ennemi, mais elles cèdent du terrain peu à peu, elles remontent vers le haut de la seconde crète se rabattant vers Mouzon ; mais elles luttent cependant avec énergie (1) ; la canonnade devient de plus en plus intense accompagnée du crépitement âcre des mitrailleuses. Jusqu'à deux heures et demie, les feux d'artillerie se croisant sur la route de Beaumont d'une crète à l'autre, on ne peut passer. A ce moment, les batteries prussiennes descendent au galop la pente de la première crète, elles traversent la route et rouvrent leur feu de l'autre côté, vers le haut de la seconde crète d'où les nôtres tirent toujours. On pouvait alors essayer d'aller à Beaumont, où nombreuses devaient être les victimes. Le docteur Davila conseille de partir immédiatement; son avis rencontre dans l'escouade une vive adhésion. Elle se met en route avec douze grands charriots à quatre roues remplis de paille. Au moment où nous atteignons Létanne, un obus parti des batteries françaises vient éclater près de notre

(1) Qu'il nous soit permis de rapporter ici un souvenir personnel qui n'est qu'un honneur rendu à des hommes de cœur dont nul ne connaîtra jamais les noms. Surpris dans leurs campements à Beaumont, les nôtres se replièrent d'un côté sur Mouzon, de l'autre sur Raucourt. Cinq jours après la bataille, nous revenions de Raucourt à Beaumont ; à six kilomètres de Beaumont la route est coupée par un bois qui s'étend à droite et à gauche. Là environ 600 hommes s'étaient dévoués au salut du reste : ils étaient encore tous alignés, à genoux dans un petit fossé qui borde le bois, dans la position même où la mort les avait frappés. Un peu en avant nous trouvâmes un capitaine la tête traversée d'une balle ; il étendait encore le bras avec un geste de commandement ; dix-sept hommes étaient tombés en cercle autour de lui en obéissant à son appel ; les maraudeurs avaient malheureusement déjà visité les cadavres ; nous ne pûmes constater l'identité.

colonne et les quatre dernières voitures s'enfuient à toute bride
avec les paysans qui les conduisent ; M. Monnier, M. Davila et
nous-même, nous mettons pied à terre et nous entrons dans
Létanne pour nous rendre compte de la situation, avant de faire
engager la colonne dans le vallon. Le village est en partie en flam-
mes, il vient d'être occupé par les Prussiens dont les batteries
adossées aux dernières maisons, font vers le haut de la seconde
crête, un feu des plus violents; les rues sont sillonnées de troupes
ennemies qui courent prendre position ; on nous arrête, on nous
refuse le passage; mais un officier supérieur accourt, il nous salue:
« Messieurs, nous dit-il, soyez les bienvenus; vous venez ici pour
faire votre devoir, je vais moi-même vous escorter jusqu'à Beaumont. » Nous nous empressons de le suivre; nous passons derrière
les batteries prussiennes à 150 ou 200 mètres, sans pouvoir nous
empêcher de nous dire que si les nôtres reprennent l'avantage, ne
fut-ce qu'un moment, notre colonne court de bien grandes chances
d'être écrasée par le feu même des Français. Nous arrivons à
Beaumont: le village est rempli de blessés; l'ambulance Pamard
qui y a couru de grands dangers, y travaille avec la plus grande
activité. On nous engage à nous rendre au camp où il y a encore
des blessés. Nous y allons en toute hâte ; il n'y avait au camp que
des blessés français ; ils avaient été surpris dans leurs tentes; les
morts sont moins pressés qu'à Saint-Privat. On en trouve un à peu
près tous les vingt-cinq pas; mais il y a encore beaucoup de
blessés à relever. On s'en occupe partout. Nous en prenons 76 ;
c'était tout ce que pouvaient contenir les huit voitures qui nous
restaient.

Le lendemain on nous envoya à Pouilly 19 blessés allemands ;
le surlendemain, nous recueillîmes une quarantaine de blessés
français oubliés dans une grange isolée, après un premier pansement et dans un état déplorable. Il en arriva encore un certain
nombre les jours suivants ; ce qui porta à 142 le chiffre de nos
blessés : 14 ont succombé dans les quarante-huit heures de leur
arrivée ; 13 autres dans le courant de septembre, en tout 27 ;
depuis comme on le verra, la mortalité a été beaucoup moindre ;
mais il faut observer que les 40 blessés amenés le 2 septembre,
étaient presque tous atteints de gangrène plus ou moins avancée ;
les 14 décès des premiers jours ont eu lieu presque tous parmi eux.
Sur le champ de bataille de Beaumont, nous avons rencontré un

médecin militaire, M. Raymon, aide-major au 86e de ligne ; il avait le cou éraflé par une balle ; cette blessure, heureusement très-légère, ne l'empêcha pas de nous aider à relever les blessés ; ne sachant où aller, il nous suivit. Avec l'autorisation des pouvoirs militaires, il est resté parmi nous jusqu'au mois de décembre ; son habileté chirurgicale et son expérience de la guerre en ont fait souvent un collaborateur fort utile.

Pendant que la portion de notre escouade qui se trouvait à Pouilly se rendait sur le champ de bataille de Beaumont, les membres de l'escouade qui étaient à Somhaute recevaient 90 blessés. Ils furent casés chez les habitants.

Situation de l'escouade à Somhaute (30 août).

Quant à ceux qui étaient à Raucourt, ils subirent pendant un certain temps le bombardement des troupes ennemies qui poursuivant notre armée, attaquèrent dans la soirée du 30 août ce village. Les nôtres, avec l'assistance du maire et des deux médecins de l'endroit, avaient préparé un hôpital provisoire à la maison commune. Après la bataille de Sedan (1er septembre), les Bavarois s'emparèrent de cette installation pour y mettre leurs blessés. Les 120 blessés que notre escouade soigna à Raucourt, étaient tous dispersés chez les habitants, ce qui rendit ce service très-pénible. MM. Gabriel Monod et Dumas parlaient parfaitement l'allemand, ils purent ainsi souvent protéger les habitants contre bien des exactions. Ceux-ci, de leur côté, pourvurent à la nourriture des 120 blessés pendant tout le mois de septembre. L'ambulance bavaroise quitta Raucourt dans le courant du mois. Elle abandonna une partie de ses blessés dans un état affreux, les dépouillant même de leurs chemises et laissant complètement nus ceux qu'elle jugeait ne pas valoir le transport. Ces malheureux furent recueillis par notre ambulance, entourés de tous les soins qu'exigeaient leur état et l'humanité. Ce fut pour les nôtres une grande satisfaction d'en arracher, avec l'aide de Dieu, plusieurs à la mort.

Situation de l'escouad à Raucourt (depuis le 30 août).

A Pouilly-sur-Meuse, nous n'eûmes qu'à nous louer de nos rapports avec les Allemands, et en particulier avec les chevaliers de St-Jean. Pour nos 142 blessés dont 19 seulement étaient allemands, on nous fournissait tous les deux jours (ainsi que pour notre personnel, qui avec les infirmiers recrutés sur place, s'élevait à environ 35 personnes), 150 livres de pain et 200 livres de viande que nous partagions avec une ambulance voisine. A plusieurs reprises,

Rapports avec les Allemands.

les chevaliers de St-Jean nous envoyèrent des vins fins, des médicaments de prix, du matériel choisi pour pansements, etc. Nous
avions organisé à Pouilly des hôpitaux provisoires dans trois locaux;
un dans la fabrique de draps de M. Renard, manufacturier de
Sedan, un dans la mairie, un dans l'église. D'après l'avis du docteur Davila, nous ne retirâmes pas les bancs de l'église; nous les
utilisâmes pour notre installation; quatre planches à claire-voie
réunies au moyen de deux traverses étaient posées à la distance
convenable sur les dossiers des bancs; sur ces espèces de fonds
de lit, nous étendions la literie; de la sorte: 1° les blessés étaient
à bonne hauteur pour être pansés ou opérés avec le moins de
fatigue et le plus commodément possible; 2° ils étaient placés dans
les conditions les plus favorables à une bonne aération. Une cin-
quantaine de blessés furent installés chez les habitants.

M. Monnier quitte l'escouade (10 septembre).

Pendant plusieurs jours après la bataille de Beaumont, nous res-
tâmes dans l'ignorance complète des événements; nous connais-
sions la capitulation de Sedan; c'était tout. Ce ne fut qu'au bout
d'un certain temps qu'on nous permit de nous y rendre pour nous
ravitailler. Le 10 septembre, un exprès envoyé à M. Monnier par
sa famille lui apporta des nouvelles très-graves qui l'obligèrent à
quitter. Il nous laissa la direction de l'escouade qu'au milieu de
circonstances fort difficiles il avait conduite de manière à laisser
après lui les plus sympathiques regrets.

Composition de l'escouade à cette date (10 septembre).

L'escouade à ce moment (10 septembre) se composait de:

MM. Alfred Monod, directeur.
    Gabriel Monod, sous-directeur.
    Dr Davila, chirurgien.
    Dr Raymon,
    Boutier,
    Tribbes,
    Binet,   aides chirurgiens.
    Chossat,
    Dr Cordès,
    Dumas,
    Cadier,
    Blœss,
    Copeau,   sous-aides.
    Trautwein,
    Scheydecker,
    Fleurant,

MM. Bloüet, pharmacien.
      le Curé de Pouilly, faisant fonctions d'aumônier catholique.
      Vaucher, aumônier protestant.
Mesd. Sarah Monod, inspectrice.
      Sœur Sauer, } infirmières volontaires.
      Sœur Calb, }

Nous avions recueilli quatre soldats français égarés dans les bois après la bataille de Beaumont ; ils y restèrent cachés trois jours, les Prussiens ne cessant de traverser Pouilly, et nous firent demander de la nourriture et un asile. Depuis le désastre de Sedan, nous étions complétement dans les lignes ennemies ; nous procurâmes à ces quatre soldats des vêtements civils et nous les gardâmes comme infirmiers, ce qui les sauva d'être faits prisonniers. Nous recrutâmes en outre dans le village même et parmi les habitants un nombre suffisant d'auxiliaires salariés.

Telle était notre organisation au point de vue du personnel, quand nous fûmes constitués en ambulance par M. le colonel Huber Saladin, en vertu des pouvoirs à lui délégués. Comme on le voit sur le tableau du personnel qui précède, le nombre de nos chirurgiens était de huit ; mais il fut immédiatement ramené à six. M. le Dr Davila nous quitta pour prendre la direction générale du service des évacuations des blessés français sur les départements du Nord. Quant au Dr Rigaud, pendant les huit jours qui suivirent la bataille de Beaumont, il soigna sans relâche les blessés de sept heures du matin à onze heures du soir avec un dévouement égal à son habileté. Le 8 septembre, épuisé de fatigue, il fut obligé de s'arrêter, se sentant un peu indisposé. Il était assez souffrant, quand nous fûmes constitués en ambulance, pour être obligé de garder le lit et ne pouvait plus faire de service.

Le Dr Davila prend un autre service et le Dr Rigaud tombe malade.

Pendant quelques jours, au point de vue du service médical, nous avions été rattachés à l'ambulance n° 11 de Paris. M. le Dr Tillaux, chef de cette ambulance, avait eu l'obligeance de faire deux fois les huit lieues qui nous séparaient de Sedan où il était établi, et il était aussi venu une fois à Raucourt. En souvenir de ce lien momentané, nous prîmes, quand nous fûmes constitués en ambulance, le n° 11 bis, mais, à la différence de l'ambulance n° 11 de Paris, la nôtre, en fait de subsides, n'a reçu que ceux de la Société de secours aux blessés ou ceux que nous nous sommes

Origine de la désignation ambulance 11 bis.

procurés nous-mêmes à l'étranger. Nous avons toujours relevé directement du Comité du palais de l'Industrie, et depuis lors nous n'avons plus eu aucun rapport avec l'ambulance n° 11 dont le champ de travail a été longtemps dans l'Est, pendant que nous étions dans le Loir-et-Cher.

Accord avec l'autorité prussienne pour l'évacuation des blessés sur l'intérieur des lignes françaises.

Le 18 septembre, l'autorité militaire allemande fit évacuer sur Mouzon les 19 blessés allemands que nous soignions depuis trois semaines. Un bon nombre de nos blessés français étaient aussi ou allaient être susceptibles d'évacuation. Nous obtînmes du major von Bülow, commandant la place de Beaumont, dans la circonscription duquel nous nous trouvions, les conditions suivantes : Les blessés dont l'état exigeait une convalescence de trois mois au moins seraient évacués sur l'intérieur des lignes françaises, étant considérés comme invalides ; ceux ayant moins de trois mois sur l'hôpital de Stenay et de là après guérison sur l'Allemagne comme prisonniers de guerre. Nos médecins dressèrent une liste de 83 blessés qu'ils déclarèrent avoir besoin de plus de trois mois de convalescence ; il n'en restait que 13 en dehors. Un chirurgien militaire allemand fut envoyé à Pouilly ; il se montra très-accommodant, ne fit aucune modification à la liste que nos médecins lui soumirent et qui, vu son rapport favorable, reçut immédiatement la sanction du major von Bülow. Un certificat allemand nous fut en même temps délivré constatant que les blessés avaient reçu dans notre ambulance les meilleurs soins, sans nulle distinction de nationalité.

Évacuations 20 septembre et jours suivants.

A partir de Verdun, la Meuse est navigable. Voulant tirer parti du meilleur de tous les modes d'évacuation, le transport par eau, nous affrétâmes à Stenay trois grands bateaux que nous fîmes descendre à Pouilly. 40 blessés furent conduits par cette voie à l'hôpital fixe de Mouzon.

La tête de ligne du chemin de fer des Ardennes était alors à Donchery, aux portes de Sedan ; en vertu d'une convention passée avec le commandant français de Mézières, les trains de blessés passaient librement sous le canon de la place et par Hirson gagnaient Lille. Nous fîmes encore une évacuation par eau sur Sedan. Nous en fîmes une autre directement sur Donchery. Le 25 septembre, un seul blessé resté à l'ambulance comme non transportable succombait par suite d'infection purulente.

Pendant ce temps, nos détachements à Raucourt et Somhaute

procédaient également aux évacuations. A Raucourt, moins sur-
veillés que nous et beaucoup plus rapprochés de Donchery, nos
compagnons d'œuvre purent faire partir tous leurs blessés vers les
lignes françaises.

Comme on l'a vu plus haut, dès le 8 septembre, M. le Dᵉ Rigaud
était tombé malade par suite de fatigues excessives qu'il s'était
imposées. Son état avait été en s'empirant ; au bout de peu de
jours il ne fut que trop évident qu'il était sous le coup d'une infection miasmatique d'un caractère malin. Le milieu où nous vivions
était devenu fort malsain ; presque tous nous avions éprouvé des
accidents cholériformes ; l'air était chargé d'exhalaisons putrides
par suite de l'incurie apportée dans les inhumations des cadavres
d'hommes et d'animaux. Le 25, le Dᵉ Rigaud se trouvait mieux.
Tous ses confrères furent d'avis de profiter sur-le-champ de cette
amélioration pour l'éloigner. On le transporta en calèche jusqu'à
la frontière belge qui est très-rapprochée, sous la garde de deux
de nos médecins ; de là, en chemin de fer, ils le conduisirent chez
un ami dévoué, le pasteur Annette, à Bruxelles, dans la famille duquel il fut reçu et soigné comme un fils. Le 28, toute l'ambulance
était réunie à Sedan. Le 29, nous prenions la route de Bouillon
(Belgique). Outre nos quatre soldats infirmiers, nous emmenions
un habitant de Pouilly, M. Didier, dont nous avions reconnu le
zèle et la capacité. Il devint notre chef infirmier aux appointements
de trois francs par jour. Nous étions suivis de deux fourgons d'officier et d'une voiture Masson que nous avions recueillis sur le
champ de bataille de Beaumont et qu'après la campagne nous avons
restitués à l'État. En outre, nous reçûmes 10 blessés français que
nous entretînmes et conduisîmes jusqu'à Bruxelles, où nous retrou-
vâmes M. Rigaud et nos deux médecins. Le médecin de la famille
Annette, appelé en consultation, nous rassura ; il était convaincu
que M. Rigaud allait entrer en convalescence. Le lendemain nous
partîmes pour Anvers. Nous avions résolu de retourner en France
par l'Angleterre pour deux raisons : la première était la difficulté
des communications en France, la seconde la certitude personnelle
d'obtenir en Angleterre de très-abondants secours qui permet-
traient à l'ambulance d'entreprendre une nouvelle campagne avec
les moyens d'action les plus efficaces.

Au moment de nous embarquer pour Londres, nous reçûmes
une dépêche de Bruxelles donnant de mauvaises nouvelles de

Maladie
du Dʳ Rigaud.
On le
transporte
à Bruxelles.

L'ambulance
part
pour Bruxelles
(28 septembre)
et se rend
à Londres.

Mort
du Dʳ Rigaud.

M. Rigaud; nous fîmes de suite repartir pour Bruxelles M. Blaëss, qui n'eut que le temps de redescendre à terre; quand il arriva quelques heures plus tard, M. Rigaud venait de succomber; une congestion cérébrale s'était brusquement déclarée et l'avait emporté.

Au nom de l'ambulance, nous tenons à rendre ici hommage tout de nouveau à la mémoire du docteur Rigaud; c'est son humanité qui lui a coûté la vie; lui aussi il est mort au champ d'honneur, tombé victime de son infatigable dévouement; il était fils unique et n'avait que vingt-six ans.

Ressources financières du 19 août au 30 septembre. Pendant cette première campagne, qui a duré six semaines, du 19 août au 30 septembre, l'ambulance 11 *bis* de Paris a été soutenue par les subsides de la Société de secours aux blessés, qui lui a donné 15,000 fr.

Principe de la gratuité des services toujours observé par l'ambulance. L'ambulance n'a jamais servi de traitement à ses membres. Nous avons, dès le début, posé en principe la gratuité des services. L'ambulance n'a fourni qu'aux dépenses d'entretien de son personnel, occasionnées par le fait même de la campagne, sans parler, bien entendu, du salaire des infirmiers à gage.

Résumé de la 1re Campagne. En résumé, la première campagne, du 19 août au 30 septembre, a duré six semaines.

Du 19 août au 14 septembre, nous n'avons été qu'une escouade dirigée par M. Monnier. Depuis le 14 septembre, nous avons été une ambulance sous la direction de M. Alfred Monod.

L'ambulance a, du 28 août au 30 septembre, soigné 362 blessés.

Elle a organisé un hôpital provisoire à Pouilly-sur-Meuse.

Elle a dépensé 15,000 fr. fournis par la Société.

Enfin, elle a servi une fois d'ambulance de champ de bataille à la bataille de Beaumont (30 août).

2e Campagne 1er octobre 1870 au 28 février 1871.

DEUXIÈME CAMPAGNE

du 1er octobre 1870 au 28 février 1871.

Secours recueillis en Angleterre. En Angleterre, dans l'espace de cinq jours, mademoiselle Sarah Monod, M. Gabriel Monod et le soussigné ont recueilli personnellement, pour l'ambulance 11 bis, 31,500 fr. en or et un matériel composé d'objets de pansement, vêtements, lingerie, literie, draps, couvertures de laine, médicaments, instruments de chirurgie, vivres, etc., d'une valeur de près de 20,000 fr. Ce beau témoignage de la générosité du peuple anglais (qui, en or et en matériel, a donné à notre seule ambulance 70,000 fr.) était dû, en grande partie, à la très-vive sympathie qu'inspirait en Angleterre mademoiselle Sarah Monod, qui, depuis deux mois, était partie de Paris pour aller soigner les blessés sur le théâtre même de la guerre. Nous trouvâmes aussi un aide des plus dévoués dans M. Alexandre Von Glehn, organisateur du *French Evangelical auxiliary committee*. Sur la somme de 31,500 fr., 16,000 nous furent donnés par la Société de secours aux blessés militaires de Londres ; presque tout le matériel par le *French auxiliary committee* ou par l'intermédiaire de M. A. Von Glehn, qui avait fait paraître dans les principaux journaux anglais les rapports que nous lui avions adressés.

Le 7 octobre, nous débarquâmes à Caen ; nous achevâmes de nous monter en chevaux et voitures. Notre matériel roulant se composa, depuis ce moment, de cinq voitures : un très-grand fourgon à quatre roues, suspendu et couvert d'une bâche en cuir, des deux fourgons d'officier et de la voiture Masson, retirées par nous des mains des Prussiens, à Beaumont, et d'une petite charrette suspendue. Notre cavalerie comptait six chevaux de trait et un cheval de selle, pour les communications rapides ; ce cheval, acheté 5 fr. après la capitulation de Sedan, fut vendu à l'État, au profit de nos blessés, pour la somme de 925 fr., au commencement de janvier. Notre matériel était trop abondant pour être chargé tout entier dans nos cinq voitures. Nous en laissâmes à peu près la moitié en magasin à Caen, sous la garde de notre fourrier, M. Blæss, chargé de nous faire des envois à fur et à mesure des besoins. Il s'occupa en outre activement à faire des collectes en nature dans les villages des environs, et nous procura ainsi près de quatre-vingts paniers de pommes de terre, qui nous furent très-utiles. Nous emportions avec nous de quoi monter environ 200 lits.

L'ambulance débarque à Caen le 7 octobre.

Le 12 octobre, nous nous rendîmes par le chemin de fer à Evreux. On croyait à Caen que des actions sérieuses allaient s'engager dans l'Eure et la Seine-Inférieure. Arrivés sur les lieux, nous reconnûmes que, de ce côté, tout se bornerait pour longtemps à

Départ pour Évreux (12 octobre).

2

des engagements sans importance. Nous pensions que nous pourrions nous utiliser sous Paris, à la suite des sorties, et nous nous dirigeâmes de ce côté par étapes. Le troisième jour nous rencontrâmes, par bonheur, le colonel Lloyd Lindsay, président de la Société de Londres, qui arrivait de Paris; il nous dit que nous n'avions rien de mieux à faire que de rejoindre l'armée de la Loire. Nous mîmes sur-le-champ ce conseil compétent à exécution, et nous prîmes la route de Tours, le soir même, par Évreux et le Mans.

L'ambulance, d'après les indications du colonel Lloyd Lindsay, rejoint l'armée de la Loire (15 octobre).

A Tours, nous nous mîmes de suite en rapport avec les membres du Comité de Paris qui y avaient été envoyés. D'après des indications que nous fournit le secrétaire général du ministère de la guerre, M. de Freycinet, auprès duquel on nous avait donné un mot d'introduction, et sur l'avis conforme des membres du Comité, nous nous rendîmes, le 21 octobre, dans le Loir-et-Cher, où se concentrait l'armée de la Loire. Le même jour, les membres du Comité délégués à Tours confirmèrent la constitution de notre ambulance et nos pouvoirs de directeur dans les termes suivants :

L'ambulance officiellement reconnue par les membres du comité de Paris délégués à Tours.

« Le Conseil siégeant à Tours, pendant l'investissement de la « capitale, après avoir pris connaissance des pouvoirs donnés à « M. Monod par le Comité de Bruxelles (ceci est une erreur, nos « pouvoirs émanaient de M. Huber Saladin, délégué à Sedan « avant la constitution du Comité de Bruxelles), et des services « rendus par l'ambulance 11 bis.

« Délègue M. Monod, chef de ladite ambulance, pour repré- « senter la Société et prendre le commandement de ladite am- « bulance.

« Fait à Tours, le 21 octobre 1870.

« Les délégués de la Société :

« Signé : Comte FOUCHER DE CAREIL,
« Marquis DE VILLENEUVE-BARGEMON,
« E. DE FLAVIGNY. »

L'ambulance organise un hôpital provisoire à Oucques (Loir-et-Cher).

Nous installâmes un hôpital provisoire à Oucques pour les raisons suivantes :

Notre armée se concentrait entre le Loir et la Loire. Elle était couverte par la forêt de Marchenoir, qui s'étend perpendiculairement au cours des deux rivières. Nos forces se massaient sur la lisière méridionale de la forêt. De l'autre côté, entre Bacon et Coulmiers, était réunie une armée allemande sous les ordres du général Von der Thann. Une collision devenait de jour en jour plus imminente, et, selon toute apparence, la bataille devait s'engager aux débouchés de la forêt, vers le nord et vers son extrémités nord-est, entre sa lisière et la Loire.

Raisons qui déterminent le choix de cette localité.

Le village d'Oucques est à deux lieues de la forêt, du côté sud, à peu près au milieu de la ligne formée par notre armée, à l'entrecroisement des routes de Vendôme à Orléans, et de Châteaudun à Blois : c'était donc un point stratégique important autour duquel campaient des masses considérables auxquelles la proximité d'un hôpital provisoire serait fort utile ; le village d'Oucques a 1,500 habitants ; l'autorité militaire y avait fait mettre de vastes locaux à notre disposition. En hiver, les locaux convenables étaient beaucoup plus difficiles à trouver que pendant la première partie de la campagne. Il fallait trouver des locaux suffisamment vastes pour offrir un cube d'air satisfaisant et pouvant être bien chauffés. Les écoles d'Oucques et une grande salle de bal répondaient à ces exigences. Le village offrait des ressources pour les approvisionnements ; de grandes routes le mettaient en communication avec toute l'étendue des lignes françaises. En cas de nécessité, on pouvait se replier sur Vendôme, qui n'est qu'à cinq lieues, et qui est relié par un chemin de fer avec Tours.

Toutes ces raisons nous déterminèrent à conduire l'ambulance à Oucques. Nous étions à ce moment la seule ambulance dans cette région ; notre nombre (32 membres) nous permit d'établir un peu plus loin (6 kilomètres) un second hôpital provisoire à Saint-Léonard, aussi dans l'école. Nous utilisâmes les tables pour l'installation de nos lits, comme nous l'avions fait avec les bancs de l'église de Pouilly.

Dès le 26 octobre nous étions en mesure de recevoir des blessés, 110 à 120 à Oucques, 50 à 60 à Saint-Léonard. Après avoir pris l'avis du Comité, nous prévînmes l'autorité militaire qu'elle pouvait nous envoyer des malades aussi bien que des blessés. Des maisons que leurs habitants avaient abandonnées par crainte de l'invasion furent à Oucques et à Saint-Léonard affectées spécialement aux varioleux dont le nombre était grand.

Du 26 octobre au 7 novembre, l'ambulance reçoit de nombreux malades.

Le 7 novembre, vers onze heures du matin, nous entendîmes le canon. L'action ne paraissait pas d'une grande importance ; con-

Combat de Saint-Laurent-des-Bois (7 novembre.)

Ce qu'y fait
l'ambulance.

formément à notre règle toujours observée de marcher au canon,
nous fîmes immédiatement requérir par la gendarmerie un certain
nombre de voitures outre celles de l'ambulance, et avec une douzaine de médecins et d'aides et environ vingt voitures nous partîmes pour Saint-Léonard, le canon grondant dans cette direction.
Notre détachement établi dans ce village s'était aussi mis en route ;
nous apprîmes qu'on se battait de l'autre côté de la forêt, à deux
lieues et demie plus loin, vers Saint-Laurent-des-Bois. Nous arrivâmes comme le combat finissait ; les Français avaient repoussé
dans la direction d'Ouzouer-le-Marché et de Bacon une forte reconnaissance ennemie. Il n'y avait en tout que quarante-sept blessés
restés sur le terrain, nous les emmenâmes tous à Saint-Léonard
et Oucques où nous arrivâmes vers une heure du matin.

Bataille
de Coulmiers
(9 novembre).
Services
qu'y rend
l'ambulance.

Le lendemain (3 novembre) le quartier-général nous fit savoir que
toute l'armée marchait en avant ; elle allait attaquer les positions
allemandes de l'autre côté de la forêt : nous repartîmes ce jour
même avec vingt-huit voitures et nous allâmes coucher à Saint-
Laurent-des-Bois ; l'armée était déjà plus loin. Nous résolûmes de
conduire notre convoi jusqu'à Ouzouer-le-Marché à trois lieues plus
loin, à 24 kilomètres d'Oucques ; à six heures du matin, nous donnâmes l'ordre du départ. On n'entendait rien et nous pensions que
l'armée ne rencontrerait l'ennemi qu'à une trop grande distance
pour pouvoir la suivre, quand le canon commença de gronder.
Nous nous portâmes seul en avant et nous reconnûmes qu'une
grande bataille était engagée sur la route qui conduit à Orléans, à
quelques kilomètres d'Ouzouer-le-Marché. Nous revînmes en toute
hâte à Ouzouer chercher le convoi, et nous nous engageâmes sur
la route d'Orléans sur les pas de l'armée ; la résistance de l'ennemi
fut grande, surtout à Coulmiers, dont nos troupes ne s'emparèrent
que vers quatre à cinq heures du soir. On se battait encore un peu
au delà quand nous y entrâmes, l'ennemi protégeant sa retraite
avec des feux d'artillerie ; la nuit tombait et nos troupes s'établirent
autour de Coulmiers pour camper. Le canon ne cessa de gronder
dans les environs qu'à sept heures. Le nombre des morts n'était
pas considérable, cependant nous relevâmes des blessés nombreux
dans un bois qui précède Coulmiers jusqu'à deux heures du matin ;
le château de Coulmiers en était rempli, tous ceux qui avaient pu
s'y traîner ou qu'on y avait amené pendant la bataille, avant que
le village ne tombât au pouvoir des Français, y étaient. Nous en

chargeâmes 120 sur nos voitures et nous reprîmes la route d'Ouzouer; il tombait à torrents une pluie glaciale, la route était encom-
brée d'immenses convois de vivres et de munitions stationnant sur
quatre rangs des deux côtés et rendant le passage presque impos-
sible; il fallait à chaque instant s'arrêter pour nous faire faire place;
nous arrivâmes au milieu de la nuit, après avoir à plusieurs reprises désespéré de triompher de ces difficultés qui rendaient le
trajet terriblement pénible pour nos malheureux blessés. Les
écoles et la gendarmerie d'Oucques ne cessèrent toute la nuit de
recevoir de nouveaux arrivants en nombre bien plus considérable
que ces locaux ne pouvaient normalement en contenir. Dès le lendemain on commença à faire des évacuations. Nous emmenâmes
à Oucques environ 80 blessés.

On sait qu'après la victoire de Coulmiers l'armée française con-
tinuant sa marche en avant s'empara d'Orléans. L'ambulance du
quartier-général qui, pendant la bataille, se tenait à Ouzouer-le-
Marché, ne pouvait plus y rester; notre ambulance de Saint-Léonard vint s'y établir à sa place, la station de Saint-Léonard ne
présentant plus d'utilité.

L'ambulance installe une partie de son personnel à Ouzouer-le-Marché (Loir-et-Cher), où un hôpital provisoire est organisé (10 novembre).

Nous n'avions plus qu'à nous vouer au soin des blessés et des
malades recueillis dans nos deux hôpitaux provisoires d'Oucques
et d'Ouzouer-le-Marché. Les jours qui suivirent nous reçûmes à
Oucques de grands convois d'hommes généralement légèrement
blessés; nous les gardions pendant les quelques jours nécessaires
pour les remettre en état de continuer leur route puis on les éva-
cuait sur Vendôme où ils trouvaient des hôpitaux fixes et le chemin de fer pour les transporter plus loin si c'était nécessaire. Ceux
qui, dans le nombre, étaient gravement atteints et qui n'auraient
pu être transportés jusqu'à Vendôme sans inconvénient, restaient
à Oucques. Le même système était suivi à Ouzouer qui faisait ses
évacuations sur Blois.

Fonctionnement de nos deux hôpitaux provisoires.

Pendant le séjour de l'armée française à Oucques, nous avons
bien des fois entendu officiers et soldats se plaindre amèrement
des sentiments d'âpre égoïsme qu'ils rencontraient. On ne s'éton-
nera pas dès lors des difficultés sérieuses que la présence des blessés allemands nous a suscitées dans ce village. Le 10 novembre,
nous avions ramené de Coulmiers trois officiers bavarois blessés
dont l'un était un chirurgien militaire. Le général commandant le
15e corps en nous les confiant avait donné l'ordre de leur laisser

Incidents du séjour de l'ambulance à Oucques. Graves difficultés avec la population à l'occasion des blessés allemands.

leurs ordonnances et recommandé de les traiter avec les égards dus à leurs grades. Conformément à ces instructions, nous les avions installés dans le village dans deux chambres à part. Une heure après notre arrivée, on vint nous avertir qu'un rassemblement considérable s'était fait devant la maison où se trouvaient deux des officiers. La foule se plaint, nous dit-on, de ce qu'on leur a donné un logement à part. Bientôt nous apprenons qu'elle s'emporte en menaces de mort et se dispose à attaquer la maison. Nous y courons, nous plaçons les deux officiers au milieu de nous, nous les ramenons dans notre principal établissement, l'école des filles, où nous pouvons plus facilement les défendre. Le directeur ne sachant pas ce qui allait advenir se rend dans une pièce où une douzaine de soldats français blessés légèrement étaient réunis. Il leur raconte ce qui se passe, leur dit qu'il compte aussi sur eux pour protéger des ennemis blessés contre une odieuse aggression. Tous, d'une seule voix, répondent qu'ils ne laisseront pas impunément attaquer des ennemis blessés placés sous la protection de l'honneur français.

Pendant ce temps, la foule, à la voix d'une douzaine de meneurs qui crient que le troisième officier est dans telle maison et qu'il faut aller *y mettre le feu,* se dirige de ce côté. Heureusement nous arrivâmes avant elle et, à la faveur de la nuit, nous pûmes conduire le troisième officier blessé (c'était le chirurgien militaire) dans une maison sûre où sa présence resta ignorée jusqu'à ce que nous ayons pu lui faire une place dans l'ambulance même.

Une scène non moins regrettable eut lieu à quelques jours de distance. Un lieutenant français conduisait en voiture un officier prussien blessé qu'il était chargé d'escorter à Vendôme. Il s'arrête sur la place pour demander où était notre ambulance, voulant faire renouveler le pansement du blessé. Aussitôt il est assailli, lui officier français, et frappé; notre aumônier catholique s'élance à son secours et reçoit un coup violent. Heureusement il y avait un petit poste de soldats de ligne à Oucques. Les hommes entendant le bruit sortent, le lieutenant les appelle à son aide et ils le dégagent; il vient à l'ambulance avec son blessé suivi de la foule ameutée qui fait mine de vouloir nous envahir. Mais le lieutenant fait mettre la baïonnette au bout du fusil; il place une sentinelle à la porte, lui ordonne de percer le premier qui essaiera de franchir le seuil, et la foule se disperse aussitôt.

Depuis, l'hostilité à notre égard ne cessa de se manifester tantôt d'une manière, tantôt d'une autre. Ainsi on fit courir le bruit que nous lancions la nuit des fusées *par nos cheminées* pour avertir l'ennemi. (On colportait du reste les mêmes inepties contre le duc de Larochefoucault dont le château est à quatre lieues d'Oucques.) Nous fûmes averti qu'on avait l'œil sur l'ambulance et qu'au moindre indice suspect on y mettrait bon ordre. Situation peu agréable; car comment espérer d'éviter d'être suspect dans un pareil milieu! Un jour l'autorité municipale nous enjoignit de faire partir de suite tous nos blessés allemands pour Vendôme. Le directeur répondit à la municipalité de ne pas se mêler de ce qui ne la regardait pas; qu'il ne lui appartenait pas de décider quand les blessés seraient en état de supporter un transport. Nous n'en fûmes pas moins obligés, dans l'intérêt même de nos blessés allemands, de profiter, à quelques jours de là, du passage d'une petite colonne de troupes pour les envoyer presque tous à Vendôme sous son escorte. Il eut été imprudent de les garder plus longtemps.

Si nous entrons dans ces détails, c'est qu'il nous paraît intéressant de faire connaître les dispositions que l'œuvre de la Société Internationale de secours aux blessés militaires a rencontrée parmi nos populations. — Qu'il nous soit permis de consigner ici quelques observations, fruit d'une expérience acquise pendant sept mois de campagne. — Les insignes de la Société n'étaient pas assez connus. On sait combien au début de la guerre il en est résulté d'inconvénients auprès même de l'armée. Mais peu à peu nos soldats ont appris à connaître et à apprécier nos insignes, et pendant la seconde partie de la campagne ils nous ont toujours valu les égards des troupes et nous ont permis de circuler toujours librement au milieu d'elles dans toutes les directions où nous appelaient les besoins du service. Quant aux paysans, sauf de rares exceptions, ils n'ont jamais bien su ce que c'était que le drapeau blanc à la croix rouge. Même accompagné du drapeau national, ils le tenaient en suspicion quand ils ne le prenaient pas pour un drapeau prussien, ce qui nous est arrivé bien souvent.

Les populations rurales ne connaissaient pas assez les insignes de la Société de secours aux blessés militaires.

A ces effets d'une insuffisante connaissance des insignes de la Société se joignaient les résultats des dispositions naturelles aux paysans. A cet égard nous avons rencontré de très-grandes différences suivant les contrées. Généralement nous n'avons pas pu faire comprendre dans les campagnes que nous faisions gratuite

Sentiments divers de ces populations à l'égard de l'œuvre de la Société.

ment une œuvre d'humanité ; leurs habitants s'obstinaient à ne voir dans la Société de secours aux blessés militaires qu'une entreprise faite en vue de la réalisation d'un bon bénéfice. Ce qui faisait qu'on était disposé à gagner le plus possible à nos dépens. Mais, comme nous le disions, nous avons rencontré à cet égard des sentiments très-différents suivant les pays. A Saint-Léonard, à six kilomètres d'Oucques, les habitants ont montré une très-grande bonne volonté ; à Oucques et à Ouzouer-le-Marché ç'a été le contraire. Dans les Ardennes et la Meuse nous avons trouvé de l'humanité et du désintéressement. La crainte qu'inspirait la présence de l'ennemi ne suffirait pas à expliquer des actes de véritable dévouement. On sait que les villages des environs de Caen nous ont fait des dons abondants en nature. A Vouziers, dans les Ardennes, on nous fit une réception enthousiaste. Du reste, en ce qui concerne Oucques et Ouzouer, nous faisons volontiers la part des circonstances atténuantes. Bien des choses sont à mettre sur le compte de l'ignorance. Aussi, dans la distribution des secours en argent que les personnes placées à la tête de l'ambulance 11 *bis* ont reçus plus tard des États-Unis pour les victimes de la guerre, Oucques et Ouzouer-le-Marché n'ont pas été oubliés.

Composition de l'ambulance le 25 novembre.

Le 25 novembre, l'ambulance 11 *bis* se composait de :

MM. Alfred Monod, délégué à la direction.
Gabriel Monod, comptable.
Muller, chirurgien.
Raymon,
Boutier,
Weber,
Suchard, } aides chirurgiens.
Goguel,
Berger,
Cadier,
Meyer,
Dieterlen,
Dumas,
Schlumberger,
Suchard jeune,
Labaye, } sous-aides.
Bloüet, pharmacien.
Le Père Mothon, des Frères prêcheurs, aumônier catholique.

MM. Vauchier, aumônier protestant.
    Copeau, sous-comptable.
    Blæss, fourrier.
    Trautwein, sous-fourrier.
Mesd. Sarah Monod, inspectrice.
    Sœur Sauer,
    Sœur Calb,
    Mezzara,   infirmières volontaires.
    Briet,
    Ungericht,

        Total. . . 28 personnes.

MM. Didier, chef infirmier payé.
    Miramon,
    Barbé,
    Alzairi,   infirmiers
    Cormier,   payés.
    Ochard,
    Leroy, cocher.

        Total. . . . 35 personnes.

C'est ici le moment de dire le rôle des femmes dans notre ambulance; l'exemple à peu près unique, croyons-nous, que nous avons donné sous ce rapport, nous paraît important à signaler.

Une chose est certaine, nous ne saurions trop nous louer des services immenses que nous ont rendus nos infirmières volontaires et à leur tête, Mademoiselle Sarah Monod. Sans elles, nous n'aurions pas accompli la moitié de ce que nous avons fait dans les conditions d'ordre et d'économie dans lesquelles nous avons travaillé. Nous aurions dépensé baucoup plus, nous aurions fait beaucoup moins de travail.

Des infirmières acceptant par dévouement toutes les fatigues et tous les dangers d'une campagne active, ayant à leur tête une directrice comme Mademoiselle Sarah Monod, la première à payer de sa personne, se dépensant sans compter, debout la première, debout la dernière; des infirmières dans ces conditions sont des aides que rien ne peut remplacer. Tout le talent, tout le dévouement du médecin ne supplée pas à la douceur que la femme apporte dans le soin des malades et des blessés. Sans elles, mille petites attentions, mille détails de propreté et d'agrément qui

Services immenses rendus par les femmes enrôlées dans l'ambulance 11 bis.

contribuent beaucoup au soulagement et à la guérison sont négligés. A un autre point de vue, sans la présence des femmes, une ambulance se ressent toujours, plus ou moins, du désordre habituel à un ménage de garçon. Qui sait comme elles empêcher le gaspillage de la lingerie, cette partie si importante du matériel d'une ambulance, qui sait comme elles en diriger le blanchissage, le classement, etc.? Il en est de même pour l'alimentation, nos infirmières n'ont pas reculé devant les soins les plus humbles et les plus pénibles du ménage, et c'est ainsi que nous avons pu vivre avec économie tout en restant dans les conditions de la meilleure hygiène pour nos malades et pour nous-mêmes. Enfin, la présence d'infirmières volontaires, qui réunissent d'ailleurs toutes les conditions qu'exige une semblable mission, fait nécessairement régner une convenance, une urbanité qui nous paraissent d'un grand prix.

Qu'il soit donc bien entendu que Mesdames Sarah Monod, sœur Sauer, sœur Calb, Mezzara, Briet, Ungericht sont au moins pour moitié dans ce que l'ambulance 11 *bis* a pu rendre de services.

Particularités de l'organisation de l'ambulance. Un non-médecin chef de l'ambulance.

Peu d'ambulances ont offert cette particularité d'être, comme la nôtre, dirigée par un non-médecin. Il nous semble que le résultat obtenu prouve que cette organisation ne nous a pas été nuisible. Nous avons eu pour principe de laisser aux médecins une complète indépendance dans leur sphère propre, sans rien sacrifier des droits qui appartiennent au chef de l'ambulance. Mais il faut dire que notre tâche a été singulièrement facilitée par le caractère même des médecins qui ont bien voulu s'enrôler avec nous; presque toujours nous avons rencontré en eux des hommes d'autant de dévouement que de talent et du plus absolu désintéressement.

Presque aucun des membres de l'ambulance n'était tenu au service militaire.

Parmi les membres de l'ambulance, deux, le directeur et M. Blæss étaient mariés; MM. Berger, Dieterlen, Meyer, Cadier, Dumas, sans parler des deux aumôniers, étaient dispensés du service militaire comme étudiants en théologie, M. Gabriel Monod, comme professeur de l'Université; d'autres par leur âge, comme M. Schlumberger, qui n'avait que dix-sept ans, et n'en a pas moins été un des membres les plus laborieux; par leur nationalité comme MM. Suchard, qui sont Suisses, les autres enrôlés dans la Société, au début de la guerre étaient, en ce sens, considérés comme faisant un service militaire.

L'ambulance a compté parmi ses membres les plus dévoués huit Alsaciens: MM. Muller, Vaucher, Weber, Meyer, Berger, Dieterlen, Blæss; MM. Suchard, Suisses de nation, habitaient Mulhouse. L'ambulance n'a pas eu de caractère religieux exclusif; sur 35 membres, 14 étaient catholiques.

Huit Alsaciens dans l'ambulance. Elle n'a pas eu de caractère religieux particulier.

A partir du 15 novembre, l'ambulance 11 bis a reçu un renfort extrêmement utile. M. Sabatier, professeur à la faculté protestante de théologie de Strasbourg, a amené à notre aide une escouade composée de MM. les docteurs Pénières, chirurgien, Bergis et Lauga, aides, François, sous-aide. M. le docteur Pénières a déployé un zèle infatigable, et d'après le témoignage de ses confrères, il a fait preuve d'une très-grande habileté chirurgicale. Tous ses aides ont été dignes de lui; tous rivalisaient de dévouement avec le directeur de l'escouade, M. Sabatier. Cette escouade est pour moitié dans tout ce que l'ambulance a fait à Ouzouer-le-Marché.

L'escouade de M. Sabatier se joint à l'ambulance (15 novembre).

On a remarqué que nos chirurgiens ont eu comme aides des jeunes gens qui n'avaient pas fait d'études de médecine, sauf MM. Goguel et Bergis ; cependant, au bout de très-peu de temps, ces jeunes gens sont devenus capables de faire très-bien les pansements et ont rendu d'excellents services.

Excellents services rendus par des aides non-médecins.

Pour les infirmiers, nous avons suivi un système dont nous nous sommes bien trouvés. Nous recrutions nos infirmiers payés, d'une part, parmi les habitants des villages où nous étions installés; d'autre part, parmi les soldats guéris dans l'ambulance. Nous offrions aux habitants deux francs par jour, plus cinquante centimes par nuit de veille. Beaucoup s'offraient, car, vu le chômage, c'était là un profit inespéré. Au bout de quelques jours on voyait quels étaient les gens capables de rendre de bons services ; nous ne gardions que ceux-là et nous avions ainsi des sujets de choix. De même parmi les soldats ; dès qu'ils pouvaient aider leurs camarades, on les encourageait à le faire ; nous ne conservions comme infirmiers que ceux dont l'aptitude égalait la bonne volonté. L'autorité militaire nous avait autorisés à garder un homme sur dix; jamais nous n'avons atteint ce chiffre, à beaucoup près. Nous ne donnions aux infirmiers militaires ainsi recrutés que la paye du soldat avec promesse d'une gratification si nous étions contents d'eux jusqu'à la fin de la campagne. En ayant soin de maintenir parmi eux une ferme discipline, nous avons obtenu ainsi des résultats satisfaisants. Quand nous avons changé de rési-

Système suivi pour le recrutement des infirmiers.

dence, nos paysans infirmiers se trouvaient naturellement licenciés (M. Didier, seul, nous a toujours suivi depuis Pouilly-sur-Meuse). Par ce moyen, en voyage, nous n'avions que le nombre d'auxiliaires strictement nécessaires et nous diminuions nos frais. Nous ne terminerons pas sur ce sujet sans une mention spéciale à notre cocher, M. Leroy, que nous avons enrôlé à Caen, le 7 octobre· Cet homme, dans les circonstances les plus graves, a fait preuve de beaucoup de courage; il a été extrêmement utile par son zèle et sa fidélité à toute épreuve. Quant à notre chef infirmier, M. Didier (marié), il a fait preuve constamment du plus grand dévouement et d'une grande habileté, ne quittant pas ses malades, passant les nuits, acceptant avec entrain les plus pénibles fatigues. A Ouzouer-le-Marché, notamment, où une salle a été ravagée par la gangrène et l'infection purulente, et où le séjour prolongé était très-dur et même malsain, Didier a bien prouvé qu'il était guidé par un sentiment bien plus élevé que celui de bien gagner son salaire.

Ressources financières de l'ambulance du 1ᵉʳ octobre au 28 février. Elle n'a pas demandé de subside à la Société, ni rien réclamé à l'Etat.

A partir du 1ᵉʳ octobre, l'ambulance 11 *bis* n'a pas demandé un centime de subside à la Société. Elle n'a jamais non plus réclamé de l'État le franc par jour et par homme soigné. Le 30 octobre nous emportions d'Angleterre, outre un matériel considérable, 31,500 fr. en or. 16,000 fr. étaient fournis par la Société de Londres. Elle nous a depuis donné encore 12,500 fr., d'autres bienfaiteurs 3,000 fr., en tout, 47,000 fr. recueillis en Angleterre. M. Sabatier a collecté, en Suisse et en Alsace, au nom de l'ambulance, 23,000 fr. M. Louis Kœnigswarter, membre du comité de Paris, nous a donné 1,000 fr. Avec ces 71,000 fr. nous avons fourni à nos dépenses depuis le 1ᵉʳ octobre jusqu'au 28 février, soignant pendant ces cinq mois et entretenant 1,185 blessés et malades, ce qui, en chiffres ronds, fait par mois une dépense de 14,000 fr., 4,000 fr. de plus que nous n'avons dépensé en septembre; mais nous étions en décembre, l'installation était plus coûteuse, nous avions le chauffage, puis nous payions la nourriture de nos malades et de notre personnel, tandis qu'en septembre nous avons, nous et nos malades, été en grande partie nourris, à Pouilly-sur-Meuse, par les Prussiens; à Raucourt et Somhaule, les habitants qui logeaient des blessés les nourrissaient.

Détails sur la composition du matériel. Lits et literie. Emballage.

Outre le matériel reçu d'Angleterre, nous avons reçu de Hollande un don semblable d'une valeur d'environ 5,000 fr. Ce qui

montrera mieux que toutes les explications combien ce matériel
était complet, c'est le fait suivant :

La campagne finie, il nous restait 135 caisses et ballots : nous
en avons envoyé 62, dont 30 de matériel de pansement propre-
ment dit, à Versailles, pour les blessés au commencement d'avril,
puis 15 autres. Le reste est distribué aux populations victimes de
la guerre.

Nous avons eu de quoi monter environ 200 lits à la fois. Chaque
lit formait un rouleau séparé, composé d'une paillasse vide, d'une
paire de draps, deux couvertures de laine, traversin et oreiller
vide, d'un morceau de toile de caoutchouc d'environ 1 mètre 30
centimètres de long sur 70 centimètres de large, d'une chemise.
On n'avait pour s'installer qu'à déployer le rouleau, remplir la
paillasse de paille ou de varech, l'oreiller de balle d'avoine. Bien
entendu nous avions une réserve considérable de draps, couvertures, chemises, oreillers, etc. Nous nous sommes aussi très-bien
trouvés de l'emploi du bois de lit dont voici le modèle et les
dimensions :

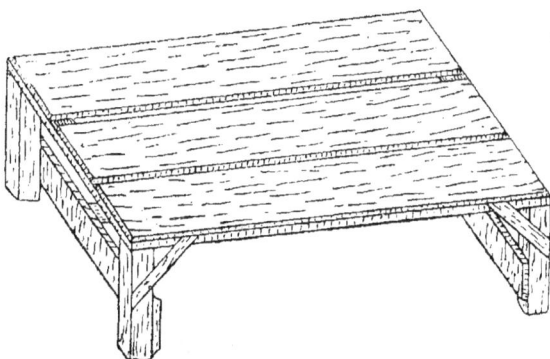

Échelle de 3 centimètres pour 1 mètre.

Ce bois de lit est facile à faire faire partout, en bois blanc sim-
plement scié, non rabotté : en nous arrangeant avec le menuisier
fabricant pour qu'il reprenne le bois, il ne nous a coûté en moyenne
que 4 fr. 50 c. à 5 fr. Ce modèle a une bonne hauteur. On nettoie

facilement sous le lit; l'aération est complète autour du malade; on le transporte aisément.

L'ambulance quitte subite-ment Oucques par ordre du général en chef (13 décembre).

Le 30 novembre, l'armée allemande reprenant l'offensive a atta-qué l'armée française dans ses positions devant Orléans. Pendant quatre jours le canon gronda presque sans interruption. Le 3 dé-cembre nous ne pûmes plus communiquer avec notre hôpital pro-visoire d'Ouzouer-le-Marché. L'armée française se repliait sur Vendôme en livrant chaque jour bataille. Le 13, à quatre heures du matin, ordre supérieur fut envoyé à toutes les ambulances d'évacuer de suite sur Vendôme : le général en chef, en même temps que cet ordre, envoyait des voitures et des cacolets pour en opérer l'exécution immédiate. L'ambulance était à Oucques depuis presque deux mois; encore quinze jours ou trois semaines et le plus grand nombre de ses blessés aurait été remis sur pied. Ce fut avec désespoir qu'elle quitta Oucques par un froid terrible qui dût être fatal à plus d'un infortuné. La fusillade éclatait derrière le mur de l'école des filles quand l'ambulance en sortit, sans avoir le temps d'emporter son précieux matériel. MM. Vaucher, Weber et Berger rentrèrent dans Oucques dès le lendemain pour le pro-téger.

Résumé du travail fait à Oucques.

Nous sommes restés à Oucques du 20 octobre au 13 décembre. Pendant ces sept semaines, 616 malades et blessés, principalement des seconds, ont été reçus à l'ambulance. Environ 300 n'y ont séjourné que un, deux, trois jours ou plus, comme nous l'avons in-diqué; le reste y faisait un séjour beaucoup plus long : pendant ces sept semaines le château voisin de Maugué a donné asile à six convalescents à la fois; les six derniers sont restés encore un cer-tain temps après notre départ. Il n'y a eu à Oucques que 22 décès.

Raisons pour lesquelles le gros de l'ambulance vient organiser un hôpital provisoire à Mézidon (Calvados), après s'être ralliée à Caen.

Après l'évacuation subite et forcée d'Oucques, il était nécessaire de prendre des mesures énergiques pour rallier l'ambulance; il fallait nous remettre en communication avec notre détachement d'Ouzouer-le-Marché, tâcher, s'il existait encore, de rentrer en possession du matériel laissé à Oucques. Nous n'avions plus que deux de nos voitures presque vides. Mais nous avions encore un abondant matériel à Caen. Comme c'était là qu'était notre dépôt, le directeur pensait que ce serait là aussi que les membres de l'ambulance se rallieraient spontanément. Nous y fîmes donc reve-nir immédiatement ceux que nous avions encore sous la main. Cinq jours après, MM. Vaucher et Berger arrivèrent comme nous l'avions espéré. Malgré l'occupation d'Oucques par l'ennemi, notre matériel était intact. Le drapeau international avait suffi pour le protéger. Un sergent mecklembourgeois se préparait à envahir un de nos locaux où tout le matériel était emmagasiné, quand un Prussien lui sautant au collet : c'est bon pour un Mecklembourgeois, s'écria-t-il, de ne pas respecter la convention ? est-ce que vous n'avez pas d'yeux pour voir le drapeau ? — MM. Vaucher et Berger s'empressèrent de tout transporter à Ouzouer-le-Marché, et franchissant, à force de persévérance et d'habileté, les lignes prussiennes, ils vinrent nous prévenir. Il s'agissait de savoir où nous allions nous utiliser. Le directeur se rendit à Alençon avec un des médecins : il y avait déjà autour du Mans beaucoup d'ambulances ; l'intendance nous chargea de faire une rapide tournée pour voir où nous pourrions nous installer dans l'Orne ; partout les secours étaient suffisamment organisés. Nous vînmes alors nous fixer à Mézidon (Calvados). Voici les raisons qui déterminèrent ce choix.

C'est à Mézidon qu'est l'embranchement des chemins de fer de Cherbourg et du Mans. C'était un point important, parce qu'il mettait l'armée du Mans en communication avec Cherbourg et aussi avec les forces massées sur les limites du Calvados et de l'Eure : un corps de troupes était concentré à Mézidon même ; en cas d'échec au Mans, une partie se replierait sur Mézidon pour y rallier le reste de nos forces, et probablement y livrerait bataille pour couvrir sa retraite sur Cherbourg. Ce fut ce qui eut lieu en partie. Après l'échec du Mans, l'aile gauche de l'armée se rabattit vers Mézidon, de même que les troupes massées à l'entrée de l'Eure ; le duc de Mecklenbourg allait attaquer ce point vingt-quatre heures après le jour où l'armistice vint arrêter sa marche. Aucun secours n'était organisé à Mézidon, point intermédiaire entre Caen et Alençon.

Toutes ces raisons déterminèrent notre installation à Mézidon. Avant de quitter Alençon, le chef de l'ambulance fit repartir MM. Vaucher et Berger pour Ouzouer-le-Marché pour y porter des secours, avec ordre de ramener les voitures et le matériel appartenant précédemment à notre hôpital provisoire d'Oucques.

Dès le 5 janvier nous avions installé un hôpital provisoire dans l'école et la mairie de Mézidon, les varioleux étant mis à part dans une maison isolée abandonnée par ses habitants. Plusieurs des habitants s'empressèrent de nous offrir des chambres pour notre

Le drapeau international a protégé seul notre matériel à Oucques.

Installation à Mézidon, 5 janvier 1871.

personnel, d'autres apportèrent de la literie. C'est à ce moment que M. Louis Kœnigswarter, membre du comité, nous fit don d'une somme de 1,000 francs.

Résultat
du travail
de l'ambulance.

L'hôpital provisoire de Mézidon a fonctionné jusqu'au 28 février ; ce sont presque uniquement des malades que nous y avons soignés, en tout deux cent-cinquante et quelques ; sept ou huit indications qui nous manquent nous empêchent d'indiquer le chiffre précis. Le chiffre des décès n'a pas été plus fort qu'à Oucques. Notre personnel se composait, à Mézidon, de MM. Alfred Monod, directeur, Suchard, Bontier, Weber, aides-chirurgiens (M. Weber est revenu d'Ouzouer dans le courant de janvier), Blouët, pharmacien, Berger, Dieterlen, Schlumberger et Suchard jeune, sous-aides, Copeau, sous-comptable, Blæss, fourrier, le Père Mothon et Vaucher, aumôniers, Mesdames S. Monod, inspectrice, Sauer, Mezzara, Briet, infirmières volontaires, Miramon, Barbé, Alzairi, infirmiers, Leroy, cocher. MM. Meyer et Cadier, la sœur Calb et mademoiselle Ungericht étant tombées malades de fatigue, avaient dû nous quitter.

Assistance
fournie
par Mᵐᵉ et Mˡˡᵉ
de Plainville.

Nous avons trouvé une assistance extrêmement dévouée chez madame et mademoiselle de Plainville, propriétaires du château du même nom, près Mézidon : ces dames ont donné asile à plus de trente malades placés là dans les meilleures conditions pour hâter leur convalescence, et entourés des soins les plus assidus.

Le détachement
qui se trouvait
à Ouzouer-le-
Marché nous
rejoint au milieu
de février, son
œuvre étant
terminée.
Travail
de l'ambulance
à Ouzouer.

Au milieu de février nous avons été rejoints par le personnel qui était à la tête de notre hôpital provisoire d'Ouzouer-le-Marché : sa tâche était terminée. Depuis le 3 décembre nous étions sans communications régulières avec nos compagnons d'œuvre, nous ne pouvions correspondre avec eux qu'en leur envoyant l'un d'entre nous ; il n'atteignait Ouzouer-le-Marché qu'après un pénible voyage de cinq jours, et il était souvent fort difficile et scabreux de traverser les lignes prussiennes comme de rentrer dans les lignes françaises. Notre personnel d'ambulance à Ouzouer se composait de MM. Gabriel Monod, comptable, docteur Muller, chirurgien Weber, aide-chirurgien (jusqu'au milieu de janvier, époque à laquelle il a rejoint notre station de Mézidon), docteur Penières, chirurgien, Bergis, Goguel, Lauga, aides, François, sous-aide, Sabatier, chef d'escouade, Didier, Silvain, infirmiers. Notre ambulance fut admirablement secondée à Ouzouer par les sœurs qui tenaient l'école des filles où l'hôpital provisoire était installé (l'école des garçons et la gendarmerie avaient reçu la même destination). L'ambulance a servi encore une fois d'ambulance de champ de bataille, à la bataille de Patay, où elle a relevé cent trente blessés. Du 9 novembre au milieu de février, le nombre des blessés et malades soignés par elle a été exactement de trois cents, dont une forte proportion de gravement atteints.

Elle sert d'ambulance de champ de bataille pendant la bataille d'Orléans (12 décembre).

Plusieurs officiers français et plusieurs officiers allemands, outre les soldats des deux nations, ont été traités dans l'ambulance d'Ouzouer. Un jeune sous-lieutenant français de dix-huit ans a dû subir l'amputation de la cuisse. Deux fois l'infection purulente s'est déclarée, deux fois le mal s'est arrêté ; le pauvre jeune homme a fini par quitter l'ambulance bien guéri à la fin de janvier. Il avait été blessé à Coulmiers, le 9 novembre. Sur le même champ de bataille nous avons relevé un jeune officier d'artillerie bavarois, portant un nom français. C'était le petit-fils d'un émigré de 1793 (nous avons rencontré dans l'armée bavaroise beaucoup d'officiers ayant la même origine) ; ce jeune homme avait le fémur brisé par une balle. Ce fut M. Gabriel Monod qui le découvrit gisant dans le bois de Coulmiers. « Souffrez-vous beaucoup, lui dit-il en allemand. — Beaucoup. — Voulez-vous que je vous emmène ? — Comme vous voudrez, je suis en votre pouvoir, à vous de décider. » — M. Gabriel Monod releva le blessé et le déposa dans une voiture. Avec une exquise courtoisie un colonel français lui rendit son épée qu'il avait oubliée. Le Bavarois se souleva pour le remercier d'un sourire ; il endura sans se plaindre de terribles souffrances, mais il put éviter l'amputation, et il est retourné guéri en Allemagne. Quand Ouzouer fut occupé par ses compatriotes, ils voulurent l'emporter ; mais M. de B. ne voulut jamais y consentir, disant qu'il était trop bien soigné pour permettre qu'on l'emmenât. Sa famille a témoigné à notre ambulance une vive reconnaissance, et lui-même l'a témoignée à plusieurs reprises en intervenant pour éviter des réquisitions à divers habitants d'Ouzouer qui avaient rendu des services à l'ambulance, ou pour obtenir pour des blessés français la permission de retourner dans leurs familles.

Nombre de blessés soignés à Ouzouer.

Détails sur les blessés.

Notre détachement d'Ouzouer, pendant les trois longs et pénibles mois qu'il est resté dans les lignes ennemies, a eu tantôt à se plaindre, tantôt à se louer de ses rapports avec les Allemands. Une fois notre chirurgien principal, le Dr Muller, essuya les plus grossières injures de la part d'un général prussien. Pendant un passage de

Rapports de l'ambulance à Ouzouer avec les Allemands.

troupes, notre docteur était sur le seuil de l'ambulance. — Que faites-vous là ? lui dit le général. — Mes insignes vous l'indiquent. —Vous avez donc des blessés ici ? — Pensez-vous que sans cela je serais ici ? — Qui prouve que vous avez des blessés ? — Si vous ne me croyez pas, pourquoi m'interrogez-vous ? — Cette réponse met le Prussien dans un état de rage inexprimable ; le général faillit frapper notre docteur resté impassible.

Une autre fois, l'état-major du 9e corps d'armée avait pris possession de la salle à manger de l'ambulance. Le commandant de ce corps, général Manstein, arrive quelques instants plus tard, il voit écrit au-dessus de la porte : salle à manger de l'ambulance. Aussitôt il ordonne à son état-major de vider la place, et il l'oblige à se contenter avec lui des petites tables de l'estaminet voisin.

Un jour on vient avertir le docteur Muller que quatre uhlans sont en train de piller cette même salle à manger. Il accourut : quatre grands gaillards passent une visite minutieuse dans tous les coins. — Cette salle, dit le docteur, appartient à l'ambulance, vous n'avez rien à faire ici. — Les quatre uhlans se consultent du regard ; il a raison, dit l'un d'eux, nous n'avons rien à faire ici, et ils sortent. Rentrés dans la cuisine, ils tirent de leurs poches quatre bouteilles de vin et deux d'eau-de-vie. Voilà, disent-ils à l'hôte en les lui rendant, des objets qui appartiennent à l'ambulance ; le docteur vient de nous dire que nous ne pouvions pas les prendre.

Le détachement de l'ambulance 11 *bis* installé à Ouzouer-le-Marché le 10 novembre n'en est parti qu'au milieu de février.

Résumé de la 2e campagne.

En résumé, pendant la seconde campagne qui a duré cinq mois, du 1er octobre au 28 février, l'ambulance 11 *bis* de Paris a soigné 1,185 blessés et malades. Elle a organisé trois hôpitaux provisoires : Oucques et Ouzouer-le-Marché (Loir-et-Cher), Mézidon (Calvados). Elle a servi trois fois d'ambulance de champ de bataille : combat de Marchenoir, 7 novembre ; bataille de Coulmiers, 9 novembre ; bataille d'Orléans, 2 décembre.

Elle a dépensé 71,000 fr. dont 70,000 fr. qu'elle s'est personnellement procurée à l'étranger, 1,000 fr. donnés par M. Louis Kœnigswarter.

Somme reçue des Etats-Unis pour les populations victimes de la guerre.

Outre les 70,000 fr. , M. Alfred Monod, M. Gabriel Monod et Mademoiselle Sarah Monod ont reçu des États-Unis 50,000 fr. pour les populations victimes de la guerre.

RÉSUMÉ GÉNÉRAL.

Six mois et demi de campagne (19 août 1870 = 28 février 1871).

1,549 blessés et malades soignés.

Dépense totale : 86,000 fr.

15,000 fr. fournis par la Société internationale de secours aux blessés militaires.

1000 fr. donnés par M. L. Kœnigswarter.

70,000 fr. recueillis à l'étranger pour les blessés.

Recueilli en outre pour les populations victimes de la guerre 50,000 fr.

Total des sommes recueillies à l'étranger : 120,000 fr.

Paris, le 24 juin 1871.

Le Directeur de l'Ambulance internationale n° 11 bis de Paris, Avocat au Conseil d'État et à la Cour de cassation,

Alfred Monod.

PARIS. — IMP. VICTOR GOUPY, RUE GARANCIÈRE, 5.

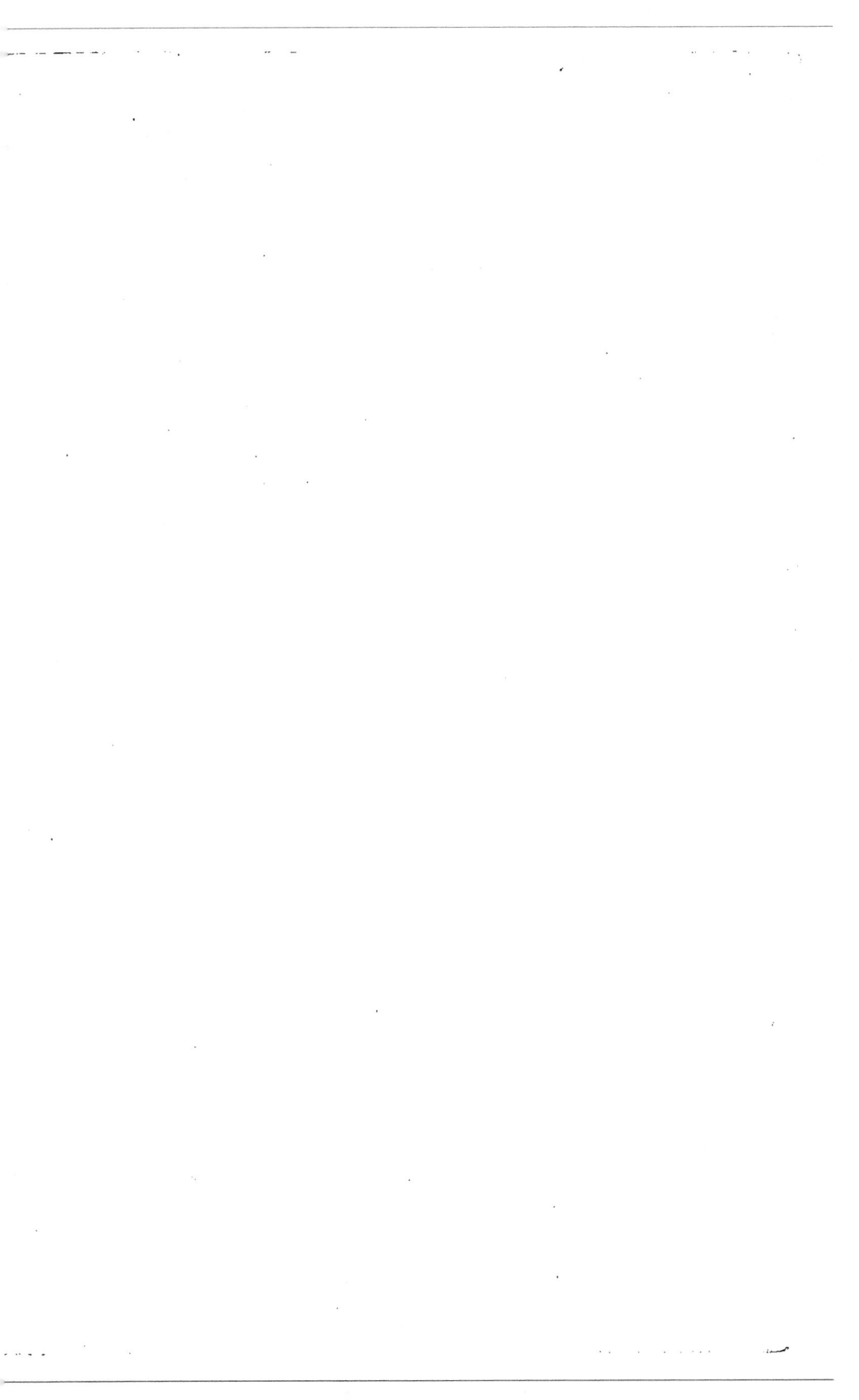

BIBLIOTHEQUE NATIONALE DE FRANCE

3 7531 04325658 6

www.ingramcontent.com/pod-product-compliance
Lightning Source LLC
Chambersburg PA
CBHW060745280326
41934CB00010B/2368